Нагва Солиман

Единство среди разделения

AF154853

Нагва Солиман

Единство среди разделения

ScienciaScripts

Imprint

Any brand names and product names mentioned in this book are subject to trademark, brand or patent protection and are trademarks or registered trademarks of their respective holders. The use of brand names, product names, common names, trade names, product descriptions etc. even without a particular marking in this work is in no way to be construed to mean that such names may be regarded as unrestricted in respect of trademark and brand protection legislation and could thus be used by anyone.

Cover image: www.ingimage.com

This book is a translation from the original published under ISBN 978-3-330-07433-0.

Publisher:
Sciencia Scripts
is a trademark of
Dodo Books Indian Ocean Ltd. and OmniScriptum S.R.L publishing group

120 High Road, East Finchley, London, N2 9ED, United Kingdom
Str. Armeneasca 28/1, office 1, Chisinau MD-2012, Republic of Moldova, Europe
Printed at: see last page
ISBN: 978-620-7-39437-1

Оглавление

ГЛАВА 1

Введение

В связи со всем, что происходит в арабском мире, всегда возникает вопрос: что привело к такому разделению? В арабском мире мы говорим на одном языке и живем вместе, несмотря на то, что исповедуем разные религии. То, что называют "арабской весной", - не что иное, как арабская раздробленность и разобщенность. Цель этой книги - показать троп единства и разделения, который ярко проявляется в нашем сегодняшнем мире, как это видно в разных странах на разных континентах.

Идея единства существует в нашей жизни. Например, Теодор Вайц верил в "психическое единство" человечества и отвергал идею о том, что человек принадлежит более чем к одному виду в зависимости от его расовой принадлежности (Jahoda, 2014). Другой пример единства можно найти в науке с ее способностью объединять людей, как заявил Холлингер (2011), наука является "агентом культурной интеграции не из-за знаний, которые могут получить граждане, а из-за ее способности объединять людей различного происхождения в единую и благородную дисциплину разума". С этим взглядом тесно связано то, что греки (Платон, Аристотель и стоики) воспринимали как единство добродетелей, основанное на идее, что "добродетель по сути включает в себя знание... такое знание по сути своей целостно" (Wolf, 2007). Таким образом, если человек приобретает одну добродетель, то ожидается, что он обладает знаниями, необходимыми для обладания всеми остальными добродетелями (Penner, 1972). Более того, аналогичным образом научные дисциплины обладают единством, так как Галисон (1998) отметил, что это единство между научными дисциплинами основано на объединении различных стратегий, профессий и моделей работы "в производстве прагматических [оперативных] решений насущных проблем". Поэтому следует подчеркнуть, что единство является неотъемлемой частью нашего существования, и в наших интересах принять его и отказаться от разделения.

Прежде всего, важно дать определение единству, которое можно трактовать по-разному и рассматривать с разных точек зрения. Для одних единство - это "гармония" и сплоченность, "которые более существенны, чем поверхностное многокультурное соседство, представленное в туристической брошюре" (Lim, 2010). Для других это может означать, что люди могут жить вместе и общаться, не считая себя разными из-за своей религии или этнической принадлежности. Более того, некоторые считают, что это понятие существовало только в прошлом, когда "раса и религия не создавали барьеров, разделяющих людей" (Lim, 2010). Из этого можно сделать вывод, что достижение единства - не такая уж невыполнимая цель в наше время, если ее правильно спланировать и осуществить.

Книга состоит из трех частей и начинается с примеров некоторых катализаторов единства. В первой части исследуется проблема единства и разделения через восприятие этого тропа в разных странах (США, Белфаст, Рованда, Восточный Тимор и Малайзия), которые были выбраны на основе их представленности на разных континентах и того факта, что этот троп существует в этих странах. Во второй части анализируются образцы художественной литературы, отображающие эту социальную проблему разделения и единства. В третьей, последней части, добавлены два коротких рассказа, чтобы еще больше проиллюстрировать единство с помощью художественной литературы как средства выражения. Автор считает, как и Золя, что "вымысел и факты становятся взаимозаменяемыми; рассказ и обучение, [как] предлагает Золя, являются взаимодополняющими занятиями (Counter, 2014). Другими словами, художественная литература - это отражение того, что происходит в нашем мире.

ГЛАВА 2

Примеры некоторых катализаторов единства

Создание мифа может привести к единению людей, как в случае с валлийским епископом Джеффри Монмутским, которому в 1136 году удалось завершить историю королей Британии и утверждать, что Кадвалладер, последний король бриттов, был связан с Брутом, первым "британским королем", который был внуком Энея из Трои. Этот миф помог уменьшить вражду, существовавшую между "бриттами, англосаксами и норманнами, объединив их в единую нацию" (Cusack, 2001). Другими словами, этот миф о Бруте, как утверждает Кьюсак (2001), привел к мобилизации "людей вокруг общей культуры, чтобы объединить различные группы... и определить общую национальную идентичность".

Еще одним примером влияния мифа на достижение единства является миф о единстве банту, который был создан экватогинейской элитой, чтобы объединить все кланы и племена в единую культуру и идентичность и таким образом объяснить причину отсутствия демократии в Гвинее. В культуре банту существует одно из убеждений, что предопределение определяет будущее и настоящее людей, поэтому, например, если вам было суждено стать президентом, вы им станете, и неважно, как сильно другие пытались изменить свой статус, они не смогут этого сделать.

Китайская мифология также может быть представлена как пример катализатора единства, который использовался в Китае для достижения этой цели. Лоуи (1994) заявил, что человек находится между небом и землей и поэтому подвержен влиянию судьбы. Он также представил взгляд китайского народа на единство, заявив, что китайцы считают себя выше других людей по уровню интеллекта. Они верят в мифологию, основанную на прошлом и золотом веке, в котором некоторые правители сделали китайский народ счастливым, процветающим и

4

безопасным. Согласно Лоуи (1994), китайцы воспринимают Вселенную как единое целое, так как верят, что они являются частью целого и имеют определенные роли, которые они должны выполнять, чтобы "их жизнь и дела составляли органическое целое, которое должно быть в гармонии с другими частями космоса".

В 220 году, когда китайские императоры Хань отреклись от престола, в Китае установилось чувство единства, поскольку они рассматривали себя как единое политическое образование и больше не придерживались веры в существование множества божественных сил, а скорее в то, что существует одно небо. Китайцы верили в концепцию единства и в то, что существуют определенные элементы, которые играют роль в этой единой концепции, такие как "институциональная практика или социальные отношения, которые уже были необходимы для любой попытки организовать человечество под единой эгидой" (Loewe, 1994). Китайцы хотели бы видеть себя управляющими человечеством, но им трудно достичь этой цели.

СМИ могут быть катализатором единства и разделения. В первом случае СМИ могут объединять людей, разжигая в них чувство национализма, как в случае со всемирными Олимпийскими играми (Mihelj, 2008). Кроме того, СМИ могут вносить раскол, особенно когда транслируют травмирующие события. Другими словами, во время кризиса, когда СМИ становятся средством подавления инакомыслия, их следствием становится раскол (Snyder, 1997). Средства массовой информации добиваются этого с помощью лексики, которую они выбирают при подаче новостей. Например, как утверждает Михель (2008), в одном СМИ люди могут быть названы "террористами", а в другом - "борцами за свободу". Более того, события могут восприниматься как "жестокая агрессия" в одном медиаконтексте и как "законные действия по защите" в другом.

Другим катализатором единства является национальное единство, которое, как утверждает Россбахер (1997), создается сплетением этнических, классовых, гендерных и географических корней, составляющих основу национальной идентичности. Андерсон (1991) описывает национальные сообщества как "сложные политические и идеологические конструкции, культурные артефакты, созданные самосознанием, для огромного разнообразия социальных местностей, чтобы сливаться и быть слитыми с соответствующим широким разнообразием политических и культурных констелляций".

Самым важным катализатором, объединяющим нас, является тот факт, что мы люди и что мы обладаем интеллектуальными способностями, позволяющими нам решать проблемы, с которыми мы сталкиваемся в этом мире. Другими словами, наша человечность объединяет нас, и это необходимо прививать детям с раннего возраста через школу, родителей и общество, чтобы они воспитывались в культуре глобального единства.

ГЛАВА 3

Разделение афроамериканцев и культура единства

Расовое разделение и дискриминация не дают покоя Соединенным Штатам, и их проявления заметны во всех сферах жизни. Дю Буа (1989) утверждал, что афроамериканец всегда видит себя таким, каким его видят другие, и в нем всегда присутствует чувство жалости и презрения со стороны окружающих. Тем не менее афроамериканец не будет "африканизировать Америку" и не будет "отбеливать свою негритянскую душу в потоке белого американизма" (цит. по Terrill, 2009). Несмотря на это разделение, американская культура основана на восприятии всей нации как единого целого. Как утверждает Аллен (2004), троп единства усиливает тот факт, что для того, чтобы люди поняли свои различия, они должны быть в состоянии достичь и поддерживать "общую почву". Если они сосредоточатся только на своем расовом разделении, это подорвет их коллективную идентичность, которая должна быть однородной для достижения единства.

Обама, чей отец - чернокожий, а мать - белая, заявил следующее:

> У нас разные истории, но у нас общие надежды;
>
> Мы можем выглядеть по-разному и происходить из разных мест, но все мы хотим двигаться в одном направлении к лучшему будущему для наших детей и внуков". (Террилл, 2009)

Обама в вышеупомянутой речи пытается прояснить общие основания, которые могли бы объединить американцев, а именно - улучшить будущее своих детей и внуков. То, что утверждает Обама, - это не только желание американцев, эту цель разделяют все родители в мире, у которых есть дети и внуки, поскольку они всегда хотят, чтобы их жизнь была лучше, чем у них самих.

Эта идея единства, несмотря на различия, также обсуждалась Роуландом и

Джонсом (2007), когда они утверждали, что американский народ похож на других, объединяется с ними, но в то же время отделяется от них. Другими словами, они утверждали, что

"Американцам нравится единство, несмотря на разнообразие, и они убеждены, что страдания одного - это страдания всех". Если бы эта философия была принята в арабском мире, где живут люди, принадлежащие к одной расе, имеющие одинаковые черты лица и говорящие на одном языке, то это могло бы избавить от всех бедствий, произошедших в Сирии, Йемене, Ираке, Ливии и Судане. Во всех этих странах они могли бы наслаждаться единством, если бы сосредоточились на том, что их объединяет, а не на религиозных сектах, которые могут их разделить.

Произошло не только разделение между белыми американцами и черными афроамериканцами, но и возник новый тип классового разделения между черным средним классом или буржуазией и бедным низшим классом афроамериканцев. Это отметил Гейтс (1994), который пережил классовую мобильность, будучи сыном рабочего с мельницы, но сумел стать профессором Лиги плюща. Он заявил, что телевизионные представления цветных людей заставили их объединиться и преодолеть все границы классового деления. Это видно по тому, как все они с удовольствием смотрят эпизод "Амос и Энди", где есть цветные юристы, медсестры и врачи. Гейтс (1994) считает, что просмотр афроамериканцами подобных эпизодов заставляет их "стремление к среднему классу и расовая принадлежность кажутся синонимами", поэтому общинная жизнь чернокожих помогает искоренить классовое разделение между афроамериканцами, принадлежащими к среднему/буржуазному классу и низшему андерклассу. Мюррей (2010) отметил, что класс афроамериканской буржуазии под предлогом оказания помощи своим собратьям из бедных слоев афроамериканцев навязал бедным афроамериканцам из низшего класса свои собственные "понятия о цивилизованности, приличии и культурной аутентичности", что привело к узурпации их политической автономии. Можно сделать вывод, что разделение происходит не только между людьми, принадлежащими к разным религиям или расам, поскольку социальная мобильность в капиталистической системе разделяет людей, которые могут принадлежать к одной расе, но их разделяет социальный класс.

Классовое деление афроамериканцев в капиталистической системе было изображено в афроамериканских романах. Мюррей (2010) считает, что одна из интерпретаций

В афроамериканских романах мы видим, что они "используют классовое разделение современности как возможность анатомировать солипсизм среднего класса и его противоречивое стремление к гегемонии над [бедным, неполным классом] черных". Мюррей (2010) показывает это разделение в двух романах, а именно в романе Лиса "*Сара Филлипс*" (1984) и в романе Джонсона "*Мечтатель: A Novel*. В первом Сара хочет преодолеть это разделение, поскольку принадлежит к классу буржуазии и жаждет вернуться к своим афроамериканским корням. Во втором романе Джонсон показывает "неразрешимость" классового разделения и то, как Мартин Лютер Кинг видит фигуру Смита, похожую на него, как будто это его подавленный "двойник". Мюррей (2010) утверждает, что Джонсон в своем романе *"Мечтатель"* пытается "разрешить материальные, классовые противоречия между [Кингом и Смитом]... путем создания мистического рассказа о публичном выступлении". Это происходит, когда Кинг произносит речь, и Смит чувствует, что все сказанное - это именно то, что он чувствует, так что Кинг как будто является его голосом, что показывает тенденцию к разрушению этого разделения и то, что они могут быть едины, несмотря на классовое разделение между ними.

Террилл (2009) утверждает, что Америку в основном разделяет раса. Хепберн

(2008), обозреватель газеты Toronto Star, напоминает американцам следующее:

[За прошедшие годы многие жители США пришли к убеждению, что их страна интегрирована как никогда, что чернокожие и другие меньшинства становятся все более и более частью основной массы американцев. Но США по-прежнему остаются страной, где чернокожие и другие меньшинства в среднем беднее белых, где работающие чернокожие зарабатывают меньше денег и страдают от более высокого уровня безработицы, чем белые.

Таким образом, можно отметить, что чернокожие и представители меньшинств знают, что они отличаются от белых в США, и это различие в цветовой гамме может привести к тому, что полиция будет останавливать их, а в некоторых случаях и убивать. Тем не менее американский народ по-прежнему един, и эта расовая дискриминация не нарушила безопасность страны, как в случае с Сирией, Ираком, Йеменом и Суданом.

По мнению Табишата (2012), "социальные силы" в обществе могут стать причиной его единства и раскола. Так, когда в обществе существует социальная несправедливость, возникает чувство диссидентства, и в конечном итоге слои общества осознают, что они ошибочно представляли или предполагали, что они едины, тогда как на самом деле они раздроблены и разобщены. Это, как следствие, может привести к конфронтации с власть имущими. Из этого можно сделать вывод, что силы власти в США достаточно сильны, чтобы подавить любое восстание против расовой дискриминации, или что социальная несправедливость не достигла той степени, которая побуждает к революции или гражданской войне. Поэтому в некоторых случаях и странах единство сохраняется и навязывается обществу для поддержания его безопасности и стабильности.

ГЛАВА 4

Единство и разделение в Белфасте

Жители Ирландии делятся в зависимости от своей принадлежности на две группы - католиков и протестантов. Первые называются ирландскими националистами, которые хотят, чтобы Северная Ирландия стала частью их государства - Ирландской Республики, а вторые относят себя к британским юнионистам, которые хотят, чтобы Северный остров оставался британским (McGarry and O'Leary, 1995). Для решения этой проблемы, основанной на "этнических расколах в Белфасте", как утверждает Нагл (2013), были созданы различные общественные движения, такие как "Трансформационисты", которые считают, что люди должны быть объединены по классовому признаку, и это должно побудить их к единству, поскольку они являются рабочими, у которых одни и те же интересы. Другая социальная группа, призывающая к единству разделенных городов, - плюралисты, как утверждает Нагле (2013), они призывают к единству людей, основанному на принятии их различий, особенно в отношении пола и этнической принадлежности. Другими словами, они стремятся к сплочению и интеграции сообщества, а не к разделению. Третье общественное движение называется Cosmopolitan, и оно утверждает, что люди должны быть едины перед лицом общих опасностей, с которыми они сталкиваются, таких как глобальное потепление, война с терроризмом, ядерное оружие и глобальные финансовые риски. Это должно быть важнее для их выживания, чем разделение по этническому признаку.

Эти общественные движения могут работать над построением мира, поскольку они стимулируют общественные дебаты, в ходе которых темы, касающиеся всех групп, могут быть "обсуждены, чтобы выработать общую политику, и которые заставляют этнонациональных политиков учитывать идентичность, не ограничиваясь их собственными узкими избирательными округами" (Nagle,

2013). Он также считает, что неправильное использование пространства и жилых районов в разделенных городах является проблемой, так как это приводит к сегрегации людей по этническому признаку. Эту проблему можно решить с помощью общественных движений, перестроив и спланировав сегрегированное общественное пространство так, чтобы оно отражало политику общности. Можно сделать вывод, что для достижения единства людям необходимо сосредоточиться на вопросах, которые их объединяют, будь то общие идеи, вера, стратегии, устремления или язык. Потому что если внимание будет направлено на разделение, то возникнут конфликты и отсутствие безопасности, которые в некоторых случаях могут привести к гражданской войне и беспорядкам.

ГЛАВА 5

Единство и разделение в Рованде после геноцида

Разделение по этническому признаку между племенами хуту и тутси в Рованде привело к катастрофическому геноциду, в ходе которого было убито около миллиона человек - в основном меньшинство тутси, против которого выступало большинство хуту (Moss and Vollhardt, 2016). Правительство навязало социальную рекатогаризацию, при которой люди в Рованде поддерживают общую идентичность, такую как национальность или любое другое общее групповое членство, а не делятся на различные этнические группы. Это называется "суперординатной идентичностью".

Целью правительства Рованда является стабильность страны, и оно преуспело в укреплении "мира благодаря своим усилиям по укреплению единства и примирения" (Silva-Leander, 2008). Оно объясняет причины принятия такой политики следующим образом:

> Политика единой переклассификации является краеугольным камнем политики единства и примирения, проводимой авторитарным правительством. Руандийские лидеры используют три основных аргумента, чтобы узаконить отказ от этнической идентичности в пользу единой руандийской идентичности: (1) этнические идентичности нелегитимны и чужды (т. е. созданы колонизаторами); (2) ими можно политически манипулировать и мобилизовать; (3) идентичности социально обусловлены и могут быть оставлены. (Мосс, 2014)

Стратегия равандийского правительства, направленная на прекращение раскола, заключалась в подавлении этнической идентичности, которая "усугублялась как колониальными, так и постколониальными правителями, в первую очередь путем отвержения и осуждения ... колониальных учений" (Silver-Leander, 2008). Также были изменены названия основных дорог, районов и городов, которые имели отношение к этническим группам или бывшим режимам.

Мосс и Волхардт (2016) провели полуструктурированные интервью с пятьюдесятью шестью ровандийцами и использовали качественный тематический анализ этих интервью, чтобы определить реакцию участников на политику рекатогаризации. Результаты показали, что большинство участников согласились с этой новой политикой, так как считали, что этническое разделение было создано бельгийскими колонизаторами и что существуют значительные причины, делающие подавление различий необходимым для экономического развития и стабильности. Некоторые участники считали, что необходимо проявлять гибкость и открытость и что единая идентичность может быть сохранена в качестве переходного шага к тому, чтобы впоследствии позволить людям обсуждать свои различия. Другие участники отвергали эту единую идентичность, поскольку считали, что в действительности между различными группами существуют различия и что они сталкиваются с дискриминацией (Moss and Volhardt, 2016). Эти участники также добавили, что единство нельзя навязывать людям. Здесь важно отметить, что если люди не убеждены в том, что единство само по себе спасет их страну от возникновения будущих конфликтов и геноцида, они никогда не смогут принять "суперординарную" ровандийскую идентичность.

Разделение в ровандийском обществе, с другой стороны, также обсуждалось участниками, и его причины были связаны с равенством в отношении страданий умеренных хуту, которые также были убиты в ходе геноцида вместе с тутси. Кроме того, дискриминация между этническими группами ровандийцев, по словам участников, ощущалась в сфере образования, в "распределении политической власти" (Moss and Volhardt, 2016) и в сфере занятости. Следовательно, чтобы навязать единую ровандийскую суперординатную идентичность, необходимо обеспечить равенство между этническими группами в отношении рабочих мест, образования, политической власти и признания страданий всех этнических групп.

Из этого можно сделать вывод, что для установления единства между людьми необходимо равенство и учет существования различий в обществе (этнических групп), которые можно обсуждать, но без публичных высказываний, разжигающих конфликт и нестабильность. Другими словами, суперординарная ровандийская идентичность может быть переходным этапом, ведущим в конечном итоге к двойной идентичности, которая будет включать в себя первую основную ровандийскую идентичность и вторую идентичность этнической группы. Это связано с тем, что единство не может быть введено как "шприц", поскольку это процесс, требующий времени (Мосс и

Volhardt, 2016). Интересно отметить, что силовое навязывание единства может быть неверно истолковано в том смысле, что оно является маскировкой этнического фаворитизма, если правительство не дает пространства для политического несогласия, которое является неотъемлемой частью поддержания равенства, что, в свою очередь, может привести к сохранению единства. Поэтому при стремлении к единству и стабильности в любой стране необходимо правильное долгосрочное планирование и организация.

Разделение, вызванное дискриминацией и неравенством, может привести к тому, что некоторые люди будут жить в страхе и угрозе из-за своей принадлежности к определенной этнической группе, иных политических взглядов или принадлежности к определенной религии. В качестве примера можно привести Северную Америку, в которой исследуются и оцениваются межэтнические реакции. Плаут (2014) утверждает необходимость признания расовых и этнических различий, поскольку их игнорирование вредно, если речь идет о создании инклюзивной среды. Иными словами, чтобы достичь единства, необходимо признать и принять различия, независимо от того, связаны ли они с нашей этнической, расовой или религиозной принадлежностью. Кроме того, для достижения нашей цели - единства - необходимо держаться вместе, чтобы сосуществовать на основе наших общих фундаментальных человеческих черт, ценностей, убеждений, языка, национальности, интересов и видения.

Единство должно быть установлено не только в Рованде, но и в Африке в целом. Касерес (2011) утверждает, что коллективные действия африканских стран по "распределению власти", "укреплению безопасности" и "экономическому развитию" могут быть достигнуты за счет усиления единства. Поэтому Африка должна действовать сообща, то есть сотрудничать "в рамках согласованного и скоординированного подхода, [который] может усилить ее привилегированное положение и сравнительные преимущества для достижения порядка, мира, процветания, безопасности и благополучия ее народов" (Caceres, 2011). Это означает, что экономическое развитие, распределение власти и укрепление безопасности могут осуществляться государствами на коллективной основе. Эти коллективные действия основаны на обретении большей силы через единство. Африка, если она будет действовать согласованно, то есть в рамках последовательного и скоординированного подхода, сможет использовать свое привилегированное положение и сравнительные преимущества для достижения порядка, мира, процветания, безопасности и благосостояния своего народа.

ГЛАВА 6

Единство и разделение в Восточном Тиморе

Республика Тимор-Лешти, ставшая независимой в 2002 году от колониальной зависимости, - яркий пример важности единства для достижения независимости и развития. Находясь на острове в Юго-Восточной Азии, недалеко от Австралии, и страдая от многолетнего колониального гнета, народ Тимора использовал литературу как инструмент, чтобы выразить свое несогласие с колонизацией и призвать к единству для достижения свободы. Это отражено в поэзии и романах, которые были написаны для того, чтобы донести до тиморского народа крайнюю необходимость единства, что проявилось в создании в 1974 году политического фронта под названием ФРЕТИЛИН (Революционный фронт) за независимый Тимор-Лешти, который призывал к острой необходимости единства, чтобы страна могла достичь независимости от иностранной португальской колонизации (Soares, 2009). Это объясняется тем, что колонизаторы всегда стремились создать раскол между народами, чтобы обеспечить их порабощение и подавление.

Фронт ФРЕТИЛИН был не единственной созданной политической партией, поскольку существовали еще две партии - Тиморский демократический союз, выступавший за создание федерации с Португалией, и Тиморская народно-демократическая ассоциация, которая стремилась к ассимиляции с соседней Индонезией (Lisson, 2008). Что касается поддержки народа, то она была на стороне ФРЕТИЛИН и Тиморского демократического союза. Когда обе эти партии были едины, страна была стабильной, но после неудачного переворота, организованного Тиморским демократическим союзом в 1975 году, между ними начались разногласия. После этой победы ФРЕТИЛИН получил стимул провозгласить независимость в ноябре 1975 года, что привело к полному вторжению Индонезии в Тимор-Лешти, поскольку существовала опасность

17

проникновения коммунистов (Lisson, 2008). Стоит отметить, что вышеупомянутые инциденты отражают тот факт, что разделение - это фактор, который ослабляет страну и делает ее уязвимой для вторжения и оккупации. Различия и разделение, существовавшие между тиморским народом, сравнивались с ручьями, а их единство - с реками. Соарес (2009) утверждает, что для призыва к единству была создана поэма единства, перевод которой приводится в следующих предложениях:

> Сходящиеся ручьи превращаются в реки. Реки соединяются вместе, какая сила может им противостоять. Так и тиморцы должны объединиться. Они должны объединиться, чтобы противостоять ветру, который дует с моря, и в конце заявить: сходящиеся потоки превращаются в реки Тиморцы объединились, давайте поднимем нашу землю.

Стоит отметить, что в этом стихотворении, чтобы достучаться до людей, чтобы они поняли, какой путь им следует выбрать, используются в основном образы. Потоки здесь представляют разделение, существующее между ними в отношении языка и этнической принадлежности. Кроме того, реки олицетворяют их единство перед лицом врага, которым в поэме является ветер, дующий с моря.

В другом сонете под названием "Patria", который также был создан для того, чтобы показать, какой будет страна Тимор после обретения независимости, даже если это повлечет за собой насилие, также упоминается единство как характеристика, которой будет обладать тиморский народ, как видно из следующего перевода:

> Отечество, таким образом, является солнцем, которое дало бытие
> крепкой связи между поколениями, проходящими через него.
> Отечество... это могила... это новая ступень, по жизни своей... К ...
> Независимость или смерть! Колыбель жизни, гордости, союза радости,
> любви, чувства, прошлого и наследия! Звук пули Отечества.(Soares, 2009)

В приведенном выше сонете говорится о единстве таких чувств, как "гордость", "радость" и "любовь", которые тиморцы разделят, когда обретут независимость.

Другой тип единства, который также подчеркивается в сонете, - это единство их "прошлого и наследия", которое определенно должно объединить их перед лицом колонизаторов. История Тимора - яркий пример того, как важно единство перед лицом раскола для обеспечения мира и независимости народа.

ГЛАВА 7

Единство и разделение в Малайзии на примере фильма Ллойда Фернандо *"Зеленый - это цвет"* (1993)

Единство в Малайзии считается существующим только в том случае, если сохраняются барьеры, которые некоторые люди хотят устранить, такие как религия и раса, потому что только в этом случае люди останутся едины. Это объясняется тем, что люди могут быть едины, сохраняя при этом свою религию и культуру своей расы. Страх и ненависть, хотя и присутствуют в той или иной степени в любом мультикультурном обществе, были скорее последствиями "13 мая", вызванного владельцами "скрытых рук", которые, не смирившись с результатами всеобщих выборов 1969 года, подстрекали к расовому насилию как к прикрытию для захвата власти. Число погибших достигло 2000 человек, и в основном это были китайцы (Lim, 2010). Расовое насилие "13 мая" вспыхнуло после того, как малайзийские китайцы отпраздновали свою победу на всеобщих выборах, выйдя на парад.

По мнению Лима (2010), не только расовое разделение стало причиной насилия 13 мая со стороны китайцев, но и скрытые силы, и это воспринимается так, как он утверждает в книге *"Зеленый - это цвет"*. Иными словами, если вначале проблема заключалась в том, как остановить расовые этносы от разобщения и поляризации, то теперь она должна быть переформулирована так: как малайзийцы могут объединиться через структурные разделения (раса, религия, класс и пол), чтобы предотвратить дальнейшее разделение и манипуляции со стороны политических элит, выступающих от имени расы, религии, народа и нации. Другими словами, от малайзийцев требуется не просто любовь и понимание, но, что более радикально, они должны принять меры по борьбе с утратой единства.

Куайюм (2007), пишущий о *зеленом цвете,* задается следующим вопросом:

Как Малайзия с ее множественностью и многоликостью может обрести единство? Именно этот вопрос автор ставит во главу угла в романе, и его ответ, как скрытый, так и явный, таков: через понимание, любовь, взаимное уважение, естественную интеграцию рас и, прежде всего, через отказ от экстремистских, а также ультрарадикальных, расовых и религиозных взглядов в пользу диалогического видения, учитывающего самые разные взгляды во имя содействия общению и миру.

Вышеупомянутые слова дают универсальные качества, которые могут привести к единству, но роман Фернандо *"Зеленый цвет"* показывает разделение, существующее из-за существования различных этносов, которые включают малайцев-мусульман, китайцев и индийцев. .

В романе "*Зеленый - это цвет*" Фернандо (1993) изображает разных персонажей, принадлежащих к разным религиям. Омар, который является малайцем/мусульманином, как и остальные малайские мусульмане, считает, что они первыми пришли в Малайзию и что другие этносы, пришедшие после них, должны понимать, что первые должны контролировать ситуацию и иметь власть в своих руках. Другими словами, как заметил Лим (2010), некоторые герои романа осторожно пытаются сохранить свои "либеральные эгалитарные идеалы" в отношении Малайзии; в то время как "другие, движимые идеологией малайско-мусульманского превосходства, неаполегетично стремятся поставить не-малайцев/мусульман с их неверными культурами и идеями на задворки власти".

Здесь важно отметить, что этническое разделение в Малайзии, изображенное в романе Фернандо "*Зеленый цвет"*, является основной причиной, которая привела к потере единства и пролитию крови 13 мая 1969 года, и малазийцы восстанавливают утраченное единство, которым они наслаждались в прошлом. Сара, жена Омара в романе, выражает в следующих словах свою веру в единство и "сплоченность" малазийского народа, несмотря на расовые различия, когда она была в США и услышала о вспышке насилия 13 мая:

[Она вступала в оборонительные споры со своими американскими друзьями по поводу того, убивают ли малайцы китайцев и индийцев или наоборот [...]. Она добавила, что, в конце концов, мы строим новую страну, мы работаем над своим будущим и будем решать свои проблемы по мере их возникновения. Она развивала и цеплялась за использование личных местоимений множественного числа, потому что они успокаивали ее: они возбуждали чувства патриотизма, любви к согражданам, будь то малайцы, китайцы, индийцы или евразийцы. Они освобождали ее от необходимости спрашивать, что же произошло на самом деле. Она знала, что на самом деле не хотела этого знать: чтобы скрыть свою тревогу, чтобы замаскировать полуинстинктивное желание не знать, она надуманно чувствовала единение с людьми в абстрактной форме". (Fernando, 1993)

Из приведенного выше отрывка можно сделать вывод, что стремление Сары к единству может представлять собой желание малазийского народа, который должен преодолеть расовые и религиозные различия и осознать, что путь к его развитию лежит через единство, которого можно достичь, объединившись вокруг общей человечности, национальности и интересов.

ГЛАВА 8

Разделение "Я" в картине Бенжамена Констана "*Адольф"* (1818)

Разделение происходит не только между людьми, но и в одном человеке, когда у него есть разделенное "я", как это можно увидеть в романе Констана *"Адольф"* (1818). Адольф предстает как персонаж, который винит современное постреволюционное общество в своем падении. Его можно сравнить с Руссо в его *"Исповеди"*. Однако Адольф - вымышленный персонаж, а Констан, по мнению Лэнди (2009), пытается показать, что именно его раздвоенный характер не позволяет ему увидеть правду и стал причиной его падения. Современный мир в глазах Констана и Адольфа наполнил человека сомнениями во всем, даже в чувстве любви. Адольф не влюблен в свою девушку Элленор и не любит ее. Он не способен на это, потому что его "я" разделено.

Адольф старается казаться хуже, чем он есть на самом деле, потому что желание обладать индивидуальностью превалирует над стремлением казаться добродетельным. Лэнди (2009) описывает его раздвоенный характер как обладающего раздвоенной душой и неспособного казаться единым. Это рассказчик, который находится в конфликте с самим собой, поскольку иногда он выглядит страстно увлеченным, а в других случаях - цинично отстраненным. Лэнди (2009) утверждает, что "вместо того чтобы [Адольф] носил следы единого авторского голоса, повествование выдает постоянную дихотомию видения, отстраненность и раскаяние бесконечно чередуются со снисходительностью и самооправданием".

Влияние языка на единство, по мнению Лэнди (2009), заключается в том, что в некоторых случаях он может предложить "иллюзию единой самости, простое ощущение - даже не устойчивое в этом вымышленном мире - целостности". Другими словами, желание Адольфа стать единой душой недостижимо, и язык должен быть магическим, чтобы объединить раскол и разделение, которые он чувствует в своей душе. С другой стороны, Мезциемс (1977) не согласен, утверждая, что язык - это часть структуры, которая придает единство, как, например, в "Путешествии в Лапуту" Свифта. Мезциемс (1977) добавляет, что язык способен передавать единство в форме утопии. Из этого можно сделать вывод, что язык - это инструмент, который писатели намеренно используют для передачи своей темы, и если цель писателя - изобразить единство, то язык может быть использован для достижения этой цели.

ГЛАВА 9

Религиозное единство, как это показано в фильме Бахаа Абдельмегида "*Святая Тереза* и *сон с незнакомцами*" (2010) и в фильме Бахаа Тахера "*Тетя* Сафийя и монастырь" (1996).

В романе Абдель Мегида "*Святая Тереза* и *сон с незнакомцами*" (2010) единство мусульман и христиан в каирском районе Шубра, принадлежащем к низшему классу, представлено через жизнь двух друзей детства Будур и Савсан, которые были соседями. Портреты этого единства показаны в нескольких сценах, например, когда Будур читает Библию "в пределах слышимости своей доброй соседки, ... которая обычно наклоняла голову, чтобы услышать ее, как будто она могла понять, что читается вслух, и замечала: "Каждое слово Господа нашего хорошо"" (Abdelmegid, 2010). Кроме того, когда Будур просыпается утром, она слышит из дома Савсана "голос шейха Мухаммеда Рефаата, который тихо произносит красноречивые стихи из Священного Корана" (Абдельмегид, 2010). Эти сцены передают чувство взаимной терпимости и единства между мусульманами и христианами, которые живут в одном районе и наслаждаются дружбой друг друга в Каире, Египет.

Еще одна сцена в романе, которая показывает любопытство, существующее в душах мусульман и христиан по отношению к религии друг друга, - когда Савсан упоминает, что когда она присутствовала на свадьбе Будура в церкви, это был не первый раз, когда она ходила в церковь, поскольку в детстве она "тайком" заходила в церковь и брала "красивые цветные портреты Богородицы и младенца" и спрашивала себя: "Почему у нас, мусульман, тоже нет картин?" (Abdelmegid, 2010). С другой стороны, Гиргис, муж Будур, идет к кузнецу, чтобы снять крест с запястья, и когда его снимают, он чувствует, что "стал таким же человеком, как и все остальные, кого он встречает, - не больше, не меньше" (Abdelmegid, 2010). Таким образом, можно сделать вывод, что Абдельмегид показывает, как христиане и мусульмане не хотят чувствовать себя отличными друг от друга, поскольку они не хотят иметь определенную татуировку, которая отличает их от других людей, не являющихся христианами, а мусульмане хотят иметь такие же фотографии, как и христиане. Другими словами, люди, принадлежащие к разным религиям, сравнивают свою религию с другими религиями, желая быть похожими в различных аспектах, чтобы чувствовать себя единым целым.

Савсан не скрывала своих чувств привязанности к Будуру, когда заявляла, что они оба "как один человек. Ты - часть меня, часть моей жизни, а твой муж Гиргис - как мой брат" (Abdelmegid, 2010). Когда Будур язвительно отозвался о слове "брат", Савсан воскликнула: "С каких это пор мы говорим о религии - исламе и христианстве? Мы - сестры. Наш Бог правит нашими сердцами: Клянусь, я никогда не чувствовала, что ты чем-то отличаешься от меня" (Abdelmegid, 2010). Можно отметить, что это чувство единства, существующее между мусульманами и христианами, сохраняется до сих пор, потому что египетский народ принадлежит к одной и той же этнической группе, и различия в религии не являются причиной их разделения, поскольку их объединяет национальность и человечность.

Если перейти к роману Бахаа Тахера *"Тетя Сафийя и монастырь"* (1996), то религиозное единство ярко проявляется в сюжете, теме и рассказчике. Начнем с сюжета романа, который вращается вокруг молодого мусульманина по имени Харби, получившего убежище в христианском монастыре, когда вдова человека, которого он убил в порядке самообороны, требует отмщения. Действие романа происходит в деревне в Верхнем Египте, где мусульмане и христиане мирно сосуществовали на протяжении веков. Что касается темы романа, то в нем религиозное единство берет верх над ритуалами вражды, которые преобладают в некоторых египетских деревнях. Что касается рассказчика, то на протяжении всего романа мы вместе с ним переживаем его детские воспоминания до того момента, когда он становится взрослым человеком, и в романе есть несколько примеров тесных отношений, связывающих мусульман и христиан. Выбор

Тахером первого лица единственного числа в качестве средства повествования делает читателя ближе к его внутренним чувствам и мыслям.

В начале и конце романа представлена картина единства мусульман и христиан. В самом начале романа, во втором абзаце, рассказчик говорит: "Монахи давали нам в сезон засахаренные финики сорта, известного своими маленькими косточками, которые не произрастали ни на одной из финиковых пальм в нашей деревне, а только на тех, что росли на монастырской ферме" (Taher, 1996). Рассказчик, который тогда был еще мальчиком, ходил с отцом в монастырь каждое Вербное воскресенье и 7th января, чтобы поздравить монахов. Кроме того, его мать в Малый праздник после Рамадана всегда готовила "монастырскую коробку", в которую клала сахарное печенье и гурайибу в качестве подарка каждый год. В конце романа последние фразы, в которых рассказчик задает себе вопросы, звучат следующим образом:

> И я спрашиваю себя, есть ли еще ребенок, который приносит в монастырь печенье в белой картонной коробке?
> И я спрашиваю себя, неужели монахи до сих пор раздают своим соседям эти финики с мелкими косточками и сахаром?
> Я спрашиваю себя...
> Снова и снова я спрашиваю себя... .(Taher, 1996)

Вышеприведенные вопросы могут быть риторическими, поскольку читатель может легко предположить, что ответ на них будет однозначно положительным, поскольку мусульмане и христиане в Египте в основном живут в единстве и мире в атмосфере терпимости и доброй воли.

Тема романа Тахера *"Тетя Сафийя и монастырь"* (1996), донесенная до читателя, по словам переводчицы романа Ромейн (1995), заключается в том, что враг Египта кроется не в его народе, будь то мусульмане или христиане, а в том, что разделяет Египет против него самого, как "на более микрокосмическом уровне, разрушительная практика [fued], которая настраивает брата против брата в крошечной египетской деревне". В конце романа рассказчик утверждает, что любит микаддиса Бишаи, показывая, что любовь и терпимость между мусульманами и христианами действительно существуют, и это показано в романе Тахера *"Тетя Сафийя и монастырь"* (1996), а также в романе *"Святая Тереза и сон с незнакомцами"* (2010).

ГЛАВА 10

Единство и разделение в книге А. Б. Иегошуа "*Путешествие к концу тысячелетия*" (1993)

Идея культурного разнообразия и национального единства отчетливо прослеживается в книге А. Б. Ихошуа "*Путешествие к концу тысячелетия*" (1993). Для того чтобы раскрыть эту идею, необходимо сначала перечислить элементы национального единства, к которым можно отнести язык, территорию, ритуалы и традиции. В романе обращается внимание на различия в ритуалах между евреями юга и евреями севера. Действие романа разворачивается вокруг богатого южного еврея из Северной Африки по имени Бенн Аттар, который имеет деловое партнерство со своим племянником Обулафией, женатым на северной еврейке Эстер-Минне. Это партнерство представляет собой стремление к еврейскому единству между севером и югом. Конфликт возникает, когда Эстер-Минна узнает, что у дяди ее мужа две жены и что он, как и остальные южные евреи, выступает за многоженство. Она в ярости просит мужа расторгнуть партнерство с дядей, и тот соглашается. Бен Аттар возмущен, он берет двух своих жен, идет в суд, возбуждает дело против Эстер-Минны и просит ее присутствовать на публичном процессе, на котором он защищает многоженство и оспаривает ее неприятие. Эстер-Минна опасается, что ее муж подражает своему дяде и тоже заведет двух жен, и ей придется столкнуться с этим порабощением и бесчеловечной ситуацией.

Это разделение между южными и северными евреями прослеживается в следующих словах Морхага (1999):

> Средневековые евреи юга не испытывают чувства социальной обездоленности или этнической дискриминации. Напротив, они уверены в превосходстве своей материальной и социальной культуры над культурой северных евреев. И с немалой долей

29

неприязни они отправляются из своего цивилизованного города Танжера в маленький и далекий Париж, который они считают далеким и варварским местом.

Несмотря на то, что Бен Аттар хочет восстановить отношения с племянником-южанином, он все же стремится убедить северянку Эстер-Минну в преимуществах полигамии и в том, что она усиливает мужскую любовь и демонстрирует, что мужчина способен любить двух жен. Однако Эстер-Минна считает, что иметь двух жен - это бесчеловечный, унизительный и оскорбительный поступок, причиняющий сильную боль обеим женам. Она приводит в пример вторую жену Бена Аттара, которая покончила с собой, что доказывает, что она была недовольна своим положением. Эта смерть решает проблему Бена Аттара, поскольку он решает оставить свою первую жену и таким образом восстановить партнерские отношения с племянником.

Важно отметить, что в центре внимания находятся понятия, которые помогают объединить людей, имеющих культурные или ритуальные различия. В этом романе очевидно, что то, что помогает объединить сообщества, - это проявление терпимости к разнообразию. В *"Путешествии в конец тысячелетия"* Йехошу не пытается показать успех одной стороны (северных евреев) над другой (южными евреями), но то, что объединяет людей, принадлежащих к разным (Hartman, 1997) культурам и ритуалам, - это их общее человеческое наследие и идеалы. Иными словами, "выдвигая сострадательную человечность и взаимное достоинство в качестве первых принципов любви, Эстер-Минна предлагает гуманную альтернативу деспотичному кодексу супружеских отношений [полигамии], который стремится поддерживать Бен Аттар" (Morhag, 1999). Она считает, что полигамия подрывает человечность женщин и их права на равенство. Хартман (1997) утверждает, что общие человеческие идеалы являются важной основой реального национального единства, поскольку они "провозглашают равенство и сохраняют достоинство каждого члена национального сообщества". Ключевым моментом, который необходимо добавить на данном этапе, является тот факт, что то, что объединяет еврейский народ в романе "*Путешествие в конец тысячелетия*", может быть применено к любой национальности, поскольку наша человечность объединяет нас и пересекает все границы, преодолевая разделения, которые могут существовать в виде языка, традиций, культуры, ритуалов и этнических групп.

ГЛАВА 11

Мемуары освобожденного египтянина: Прыжок из круга!

Нагва А. Солиман

Было темно и тускло, но плавать внутри было комфортно и весело. Что происходит, я чувствую, что двигаюсь, не желая этого. Пробираться сквозь этот замкнутый круг, в котором я находился, было самым естественным способом выжить. Это было похоже на жизнь в счастливом мире, где все, что тебе нужно, сбывается. Как долго ситуация может оставаться вечной? Мы должны смотреть в лицо переменам и приспосабливаться. Я чувствую, что комфортный круг, в котором я нахожусь, сжимается, и вот-вот меня вытолкнут из зоны комфорта. Что ожидает меня снаружи и почему это происходит? Кажется, что это никогда не закончится. Есть некий верхний и мощный источник, который сейчас управляет мной. Он вышвырнет меня из мира моих грез. Я чувствую, что мне больше не рады в этом окружении, и должны произойти перемены.

Я вылетел в мир тайн и недоумений. Вокруг меня раздаются звуки, но я не могу ничего разглядеть. "Посмотрите, какой он милый", - произнес голос рядом. Я задохнулась и поняла, что больше не плыву. Я почувствовал тепло нежной кожи, прижавшейся ко мне. Я хотел сосать, но не мог. Я закричал и заплакал, чтобы меня услышали, и понял, что сосать теперь не так легко, как раньше. Наконец я смог всосать теплую питательную жидкость, утолившую мой голод. Этот новый мир, в который меня вытолкнули, совершенно не похож на тот, к которому я привыкла. Прежний был темным, а здесь я чувствую, что иногда он полон света, а иногда совсем темный. В моем первом мире все было просто - еда, тепло и безопасность. Здесь же, если меня никто не держит в объятиях, я чувствую себя небезопасно, холодно, голодно и неуютно.

Почему человек начинает свою жизнь в темной матке своей матери и заканчивает в тусклой могиле под черной землей? Это круг или цикл, через который мы должны пройти. Это вопрос, на который нет ответа. Это то, что происходит со всеми человеческими существами. Этот круг проявляется не только в рождении и смерти человека, мы можем наблюдать его в природе. У нас есть цикл дня и ночи; лето, осень, зима, весна и снова лето. Круговорот самой земли, движущейся по кругу вокруг солнца. Даже когда мы созданы из несуществующего, после смерти мы становимся несуществующими. Цветы существуют какое-то время, а затем умирают и исчезают. Все живое вокруг нас проходит через этот цикл. Поскольку этот круг повсюду вокруг нас, если мы попытаемся выйти из него, то потеряем равновесие и можем упасть. Если мы попытаемся вращаться по кругу без остановки, лишь немногие из нас смогут выдержать это действие и не рухнуть на землю.

Вырастая в Египте, мы сталкиваемся не с кругами, которые мы видим в природе и живых существах, а с набором правил, которые закреплены в нашей религии, культуре и традициях. От родителей, бабушек, дедушек и старших мы узнаем, что именно так следует поступать. Мы должны молиться, слушаться, учиться, жениться и не задавать вопросов, не думать, не оспаривать, не оценивать и не бунтовать. Эти черты заложены в большинстве египтян, независимо от того, к какому классу они принадлежат. Это также связано с кругом общения, потому что бабушки и дедушки передают их родителям, а те учат им своих детей, и так продолжается до бесконечности. Это не коробка, из которой мы должны выйти; это круг, по которому мы должны двигаться, если хотим выжить в этом мире.

Воспитанные в такой среде, где мы были лишь пассивными получателями того, что нам говорили, что это правда, и того, что нас убеждали считать нашими обязанностями, мы были склонны выполнять повседневные задачи по нескончаемому кругу. Именно вовлеченность в этот цикл заставляет человека перестать думать о том, чтобы выскочить из него. Египтяне занимались своими повседневными делами, не веря, что станут свидетелями такого дня, когда президент их страны будет свергнут своим собственным народом.

Египтяне и представить себе не могли, что, объединившись в нацию, они обладают такой мощью.

Слухи о революции витали в воздухе и витали в каждом доме. Вся молодежь общалась через Facebook и другие социальные сети и знала о дне революции. Родители просто думали, что все будет разгромлено, как в прошлом году в апреле 2010 года. Им и в голову не приходило, что это все по-настоящему, что молодежь страны наконец-то осознала, что может объединиться и пойти по стопам тунисцев на пути к свободе. Этот выход из замкнутого круга угнетения, страха и насилия был невозможен без тунисской демонстрации. Это был не фильм и не роман, это была реальность, и тунисцы смогли благодаря единству и решимости заставить своего президента уйти в отставку. Благодаря средствам массовой информации и спутниковому телевидению египетский народ смог извлечь урок из жизни тунисского народа, который изменил историю его страны. Египтянам достаточно было посмотреть телевизор или YouTube, чтобы узнать правду. Они больше не доверяли своему государственному телевидению, которое было похоже на ложную иллюзию, скрывающую от них истинные события в их собственной стране. Этот фальшивый спектакль не мог продолжаться, так как необходимо было положить конец коррупции, которая происходила и продолжалась на протяжении тридцати лет. Отважная молодежь вышла на площадь Тахрир и оставалась там в течение 18 дней в холодную погоду. Они даже выстояли перед лицом бандитов и полицейских, которые напали на них с боевыми патронами и убили 350 человек. Это не помешало им продолжать и поддерживать свое дело, пока они не достигли своей главной цели - заставить своего президента уйти в отставку, используя единство и отбросив раскол.

Я проснулся и понял, что вижу сон. Мама хотела, чтобы я шла в школу, как обычно, но я плохо себя чувствовала. Мне пришлось встать и включиться в ежедневный цикл, который проходят все ученики. Моя школа находилась неподалеку от места, где я жил, и мне нравилось ходить в нее пешком. Задача быть лучшим и первым в своем классе была заложена в меня, и я знал, что стать первым - моя главная цель. Я мечтал о том дне, когда стану знаменитым и мою фотографию напечатают в газете, что я первый и лучший ученик в своей стране. Эта цель толкала меня вперед и давала стимул продолжать учебу в школе, а затем и в университете. Мама воспитывала нас в духе мгновенного послушания, не оставляя места для сомнений и бунтарства. Я подчинялась, в то время как моя сестра Фадия всегда возражала.

Путешествие по многим странам не было сложным испытанием. Первым местом нашего пребывания стал Лондон. Солнце там почти не светило, а когда светило, мама водила нас в парк. Мы играли со снеговиком и лепили снежки. Иногда мама и папа запирали нас и уходили гулять. Нас было четыре сестры, и мы не возражали, за исключением того, что иногда они запирали ванную, отчего я чувствовала себя неловко. Мы вместе играли в дом. У каждой из нас была своя кукла. Я мечтала иметь говорящую куклу, что в наше время является чем-то обычным. В детстве дом моей мечты был целью, которую я хотел достичь. До сих пор я не достиг своей первой детской цели.

"Проснись, Нура, проснись. Что с тобой?" Я внезапно проснулась и обнаружила, что нахожусь в красивой спальне с солнечным светом, проникающим через окна. Я посмотрела на того, кто меня разбудил, и поняла, что это Таня, моя милая служанка, которая была настолько добра, что разбудила меня, увидев, что я проспала. Она приготовила мне ванну, я приняла душ и спустилась вниз, чтобы позавтракать. Я попросил Таню принести мне завтрак в сад. Там я села и начала обдумывать кошмар, который пережила прошлой ночью. Я оказалась в этой стране, где все было грязно. Все люди вокруг меня боялись говорить или высказывать свое мнение. Им почти нечего было есть, и они не могли купить себе новую одежду. Они полагались на то, что иногда давали им богатые люди.

Вдалеке бежали толпы людей, требуя утраченной свободы, гуманных зарплат и прекращения угнетения. Стреляли пули, кричали мужчины и женщины. Позже они молились и призывали Бога помочь им победить. Победа наконец-то пришла: снова засияло солнце, и отважный герой, рискуя жизнью, спас свою страну от утопления в темном туннеле угнетения, лицемерия и фашизма во имя религии. На улицы вышли отважные солдаты армии со своими танками, чтобы выступить в роли щитов и крыльев, которые защитят всю нацию от когтей орлов зла, вторгшихся в нашу страну.

Какое облегчение я испытал, когда моя страна была восстановлена и в воздухе воцарился мир. Что мы все чувствовали, когда вышли на улицы в поддержку нашего спасителя, который имел мужество стоять перед лицом нашего врага и мог быть приговорен к смертной казни, но страха не было в его душе, поскольку у него была более важная цель - любовь, которая билась в его жилах к своей стране и народу. Никогда еще мы не видели такого мужества, достоинства и решимости идти к процветанию, безопасности и свободе. Действительно, свободу всегда нелегко обрести, но когда мы к ней прикасаемся, то чувствуем, что она стоит всего того, через что нам пришлось пройти.

Наконец-то мне удалось выскочить из круга к свету свободы, который звал меня из вечного круга, раздавившего человечество в мире, где выживает сильнейший. Мое имя Нура, которое происходит от арабского слова "свет", вытолкнуло меня из круга, который повторяется ежедневно. В этом некруге мы видим, как мир замирает, и мы больше не движемся вместе с Землей в безостановочном движении, которое постепенно лишает нас способности к восприятию и пониманию. Всем нам необходим этот момент изоляции, разделения и исповеди, когда мы осознаем, что совершили во имя религии по отношению к нашим ближним. Мы были созданы для того, чтобы смотреть вокруг и думать о том, как сделать этот мир лучше. Он никогда не был предназначен для войны интересов и борьбы за материальные блага. Мы никогда не будем развиваться, если не будем распространять единство, любовь и свободу. Вырваться из этого круга - наша единственная надежда на выживание. Это не разделит нас и не изолирует от остального мира, поскольку мы сможем мыслить инновационно и творить в своем собственном темпе и при этом оставаться единым целым с остальными людьми.

ГЛАВА 12

Унитония: Мечта или реальность!

Нагва А. Солиман

Надя изо всех сил старалась идти вперед, несмотря на жару и неасфальтированные дороги. Бесплодная пустыня вокруг смотрела на нее с разных сторон, словно прося прощения за то, что не может обеспечить ее пропитанием. У нее было достаточно провизии, чтобы продержаться два дня, но ее беспокоило, когда она сможет добраться до Унитонии. Она ехала на своем солнечном автомобиле и, судя по карте, находилась не так уж далеко от страны своей мечты.

Неделю назад она случайно встретила молодую женщину, которая казалась спокойной и безмятежной. Она не была похожа на окружающую ее стремительную толпу. "Мне нужно поговорить с этой женщиной, так как она кажется потерянной", - подумала она, и как только эта мысль пролетела мимо ее сознания, женщина подошла к ней и спросила, где она находится. Надя, к счастью, была в отпуске и была готова ей помочь. Женщина представилась Эммой и добавила, что приехала из другой страны - Унитонии - и хотела бы остановиться в таком месте, где за проживание принимают не деньги, а товары. Эмма объяснила, что в Унитонии не используют деньги, так как все организовано через торговлю товарами.

Сначала Надя подумала, что Эмма не в себе или видит сон, но когда продолжила слушать ее рассказ, то поверила, что та говорит правду. Надя предложила Эмме пожить у нее в комнате в доме ее родителей, а взамен отдать ей унитонские товары, которые она привезла с собой. Надю побудила к этому искренность, которой светились лицо и глаза Эммы.

Когда они добрались до дома Нади, ее родители поначалу не приняли эту идею, поскольку не видели Эмму раньше и не могли понять, как Надя может доверять ей, когда они только познакомились. По настоянию Нади они все-таки согласились оставить ее у себя на неделю. Именно это время было необходимо Эмме, чтобы достичь своей цели - познакомиться с этой странной страной. Эмма проделала долгий путь, покинув свою страну, чтобы познакомиться с другими странами, которые отличаются от ее страны и все еще используют деньги. Она хотела понаблюдать за повседневной жизнью людей, наблюдая за ежедневными делами Нади.

Надя закончила университет и работала в компании в качестве бухгалтера и штатного сотрудника, занимая обычную должность с 9:00 до 17:00. Ей приходилось работать, чтобы помогать родителям оплачивать ипотеку и остальные счета, оставляя часть зарплаты себе. У ее родителей был такой же график, и это подразумевало соблюдение системы в отношении времени отхода ко сну, общения и образа жизни.

Для Эммы это было шокирующим, ведь в Юнитонии каждому позволено создавать свой собственный образ жизни, лишь бы в конце дня он мог выполнить то, что было оговорено. Система в стране была основана на различных сферах деятельности, где люди вольны присоединиться к тому сектору, в котором, по их мнению, они могут преуспеть. Например, те, кто интересуется растениеводством, могут присоединиться к группе сельского хозяйства, а те, кто интересуется производством, могут стать частью этой партии, но это должно соответствовать потребностям их страны Unitonia. В конце каждого дня определенным людям поручается торговать продукцией каждой группы с другими группами, и так они выживают, объединившись как люди, над которыми не властно количество заработанных ими денег. Все люди равны, поскольку каждая группа работает на выживание других групп, а торговля их продуктами удовлетворяет их потребности, пока они едины, что и послужило секретом выбора названия их страны - Unitonia.

Эмма выросла в такой обстановке и думала, что весь мир живет так же. Однажды, услышав от постороннего человека, что есть и другие страны, где вместо торговли используются деньги, она решила отправиться в одну из таких стран, чтобы испытать на себе другую жизнь, где люди работают за деньги и ничего не могут без них сделать. Она предложила Наде обменяться жизнями, чтобы на реальном опыте понять, какая из них им подходит. Они договорились придумать родителям Нади фальшивую историю о том, что она едет в командировку, а Эмма должна работать в той же стране в качестве замены. Это было возможно, так как в Унитонии все получают базовое образование, позволяющее работать по разным специальностям, а Эмма уже работала бухгалтером в Унитонии, так что у нее был опыт работы в этой сфере.

В день отъезда Надя позаботилась о том, чтобы Эмма сообщила эту новость родителям только после того, как отправится в путь. От Эммы Надя узнала, что до Унитонии ей нужно добираться на машине, так как там нет аэропортов, куда можно было бы прилететь на самолете. Эмма снабдила Надю картой с указанием дороги, по которой она должна добраться до места назначения.

Надя путешествовала уже два дня и по дороге остановилась поесть в кафе. Войдя в кафе, она увидела молодого человека и его дочь, беседующих между собой. Она сидела за соседним столиком и не могла не подслушать их разговор. К ее удивлению, они тоже направлялись в Унитонию. Она направилась к ним и сказала, что тоже едет в эту страну и будет благодарна за помощь. Молодой человек, казалось, был готов помочь. "Без проблем. Меня зовут Фред, а это моя дочь Сальва. Приятно познакомиться", - сказал он веселым дружелюбным тоном. Надя поинтересовалась, почему он решил рискнуть и отправиться в этот новый мир, где люди больше не используют деньги, а вместо них торгуют. "По той же причине, по которой, я полагаю, вы приняли это решение. Почему я должен жить в этой безостановочной иллюзии, что страна, в которой мы живем, - это единое приятное место, когда деньги манипулируют всеми нами?" Надя вспыхнула в ответ: "Как вы догадались о моих намерениях?

Это видно на моем лице?" "Абсолютно", - ответил он.

Фред рассказал ей, как жена бросила его и их шестилетнюю дочь Сальву без видимых причин, просто потому, что не смогла выдержать ежедневную систему, порабощающую ее всеми обязанностями, с которыми ей приходится сталкиваться как внутри дома, так и за его пределами. Они решили развестись, и когда Фред услышал о новой стране Унитония, он решил бросить работу и отправиться в это новое увлекательное место. Фред и Надя решили путешествовать вместе, поскольку едут в одну и ту же страну. Он будет ехать впереди нее, а она - за ним. Они также договорились остановиться в ближайшем мотеле, чтобы поесть и отдохнуть на ночь.

Через пять часов показался небольшой мотель, и Фред с Надей остановились в нем, чтобы отдохнуть до следующего дня и подкрепиться горячей едой, так как Сальва проголодалась и была очень раздражительной. Пока они ели в ресторане, двое молодых людей громко разговаривали, и они подслушали их разговор о новой жизни, которую они с нетерпением ждут в Унитонии, где они смогут насладиться свободой, душевным спокойствием и настоящим единением с людьми, которые больше не находятся под чарами денег и материальных интересов.

Фред, Надя и Сальва спонтанно присоединились к ним, объявив, что тоже направляются в Унитонию. Двое молодых людей, Ахмед и Али, поприветствовали их и рассказали о своей прежней невыносимой жизни, от которой они бежали. "Теперь я чувствую, что стал настоящим человеком, контролирующим свою жизнь и время. Я могу думать, размышлять и принимать взвешенные решения, что было невозможно в моей прошлой жизни", - сказал Ахмед. Али добавил: "Я не могу представить, как мне удалось пережить все это однообразие, страдания и стресс". Ахмед был фермером, а Али - инженером, и

Фред еще не рассказывал Наде о своей профессии, но когда Ахмед и Али упомянули о своей работе, он сказал: "Я бы хотел продолжать работать врачом, когда доберусь до Унитонии, но не в тех же условиях". "Я бы хотел погрузиться в мир торговли и забыть о деньгах и их разрушительных чарах", - добавил он.

На следующий день Фред, Надя, Сальва, Ахмед и Али вместе отправились в путь, направляясь в Унитонию, до которой, согласно карте, по которой они следовали, оставалось еще четыре дня пути. И снова то же самое совпадение повторилось в другом мотеле по пути в Унитонию, но на этот раз они встретили двух молодых женщин, и одной из них, к удивлению Нади, оказалась Эмма. "Эмма! Что ты здесь делаешь? Ты должна была подменить меня на работе и остаться с моими родителями до моего возвращения!" воскликнула Надя. "Я не могла выносить такую материалистическую жизнь, в которой нет ни души, ни чувств. Она стала настолько жесткой, что я чувствовала, что сломаюсь. Я встретила свою подругу Сьюзен, которая работает пекарем, и мы решили вернуться в Унитонию". Эмма ответила.

Эмма, Надя, Фред, Сальва, Ахмед, Али и Сьюзан отправились в путь вместе, причем Эмма шла впереди, так как принадлежала к "Юнитонии" и знала дорогу. Пока они ехали друг за другом, на них внезапно обрушился страшный торнадо, машины начало трясти и переворачивать, и они потеряли управление. Эмме удалось выбраться из машины и спасти остальных членов группы. К счастью, они оказались возле ближайшего мотеля, в котором и провели ночь, не зная, как им добраться до Унитонии.

Проснувшись рано утром на следующий день, Эмма сделала несколько телефонных звонков, встретилась с остальными членами группы в ресторане и сказала им, что ей нужно сообщить им нечто очень важное. Они были очень обеспокоены своим состоянием и встретились с Эммой в холле. Эмма сказала: "Я хочу сделать признание, которое покажется вам странным, но это правда. Я не человек, так как принадлежу к другой планете и прилетела на Землю, чтобы пригласить вас пожить со мной в Унитонии; она действительно существует, но не здесь." Надя спросила: "Почему ты скрывала от нас этот факт все это время и почему ты думаешь, что мы тебе поверим?" Эмма ответила: "Я должна была это сделать, чтобы убедить вас отправиться со мной, и я бы все равно вам рассказала, потому что мы не можем добраться туда без специального космического корабля, который должен прибыть сегодня".

Сначала все сомневались и не верили ей, ведь она выглядела как человек, и не было никаких признаков, по которым можно было бы определить, что она инопланетянка. Однако когда через пару часов Эмма сказала, что покажет им космический корабль, готовый доставить их на Унитонию, все поняли, что она не лжет. Они поняли, что у них нет другого выбора, кроме как согласиться сопровождать Эмму в Унитонию, где все объединены и живут в мире и согласии; более того, там нет ни места, ни времени для войн или конфликтов между людьми, которые в основном наслаждаются своей человечностью.

Через пару часов вся группа во главе с Эммой, после того как торнадо утих, полчаса гуляла после выхода из мотеля, и, к их изумлению, посреди пустыни их ждал космический корабль. Это был металлический космический корабль с окнами квадратной формы, опоясывающими его со всех сторон. Инопланетяне стояли у окон и наблюдали за ними, пока они приближались к двери. Надя, державшая за руку Сальву, очень волновалась, так как знала, что, покинув Землю, она, возможно, не сможет вернуться, и беспокоилась о чувствах родителей. Тем не менее она понимала, что приняла решение покинуть дом и начать новую жизнь, где не существует материальных целей, а люди живут в единстве и мире.

Фред отпустил Сальву с Надей, потому что она испугалась, увидев космический корабль, и разразилась неистовым истерическим криком. Надя была единственной в группе, кому удалось ее успокоить, и она взяла ее за руку, уверяя, что все будет в порядке и что не нужно бояться. Фред некоторое время колебался и уже собирался забрать свою дочь Сальву и уйти, но Надя сумела убедить его, что их ждет лучшая жизнь и что они смогут обрести единство, мир и счастье, которых так и не смогли достичь на Земле. Фред думал несколько часов подряд, ведь он был врачом и получал высокую зарплату, которая позволяла ему наслаждаться высоким уровнем жизни, но это не приносило ему счастья и удовлетворения, потому что чем больше денег он зарабатывал, тем больше потреблял ненужных, но важных товаров, чтобы не отставать от остальных членов своего социального окружения и фасада. Другими словами, он всегда стремился покупать мобильные телефоны, автомобили, электроприборы, одежду самых последних марок и стилей, и этот список можно продолжать до бесконечности. Так поступали все те, кто мог позволить себе платить за подобные вещи и принадлежал к среднему и высшему классу. Все они хотели похвастаться и продемонстрировать свою способность потреблять и покупать последние новинки моды и брендов, которые были доступны на рынке, даже если эти вещи им не нужны. Их единственным желанием было сделать селфи и сфотографировать себя со всем тем, что они купили за последнее время, чтобы заставить своих друзей завидовать или пойти, если они могут себе это позволить, и купить те же вещи, чтобы успокоить свое эго. Жена бросила его, и этот бесконечный цикл заставил его взять дочь и искать новую жизнь, и поэтому его решением было отправиться в Унитонию вместе с остальными членами группы.

Ахмед и Али тоже были очень обеспокоены и попросили Эмму дать им время подумать и решить, поедут ли они с ней в Унитонию. Ахмед беспокоился, что может не найти работу фермера в Унитонии, и это же беспокоило Али, так как он был инженером и не был уверен, нужна ли его работа в Унитонии. Они оба договорились обсудить этот вопрос с Эммой. Когда они рассказали Эмме о своих опасениях, она сказала: "Пожалуйста, будьте уверены, что каждому из этой группы гарантирована работа в Унитонии, и они будут участвовать в торговле своей продукцией с другими гражданами Унитонии". Слова Эммы успокоили Ахмеда и Али, и они решили отправиться в Унитонию вместе с остальными членами группы.

Теперь все они стояли перед космическим кораблем, и его дверь открылась, а Эмма встала впереди. Она ввела их внутрь по одному, и их приветствовали инопланетяне, похожие на людей, но со странным выражением в глазах. Все они улыбались и выглядели умиротворенными и счастливыми. Группу провели в комнату с креслами, где попросили сесть и пристегнуть ремни, так как космический корабль собирался отбыть. Они подчинились, и как только ремни были пристегнуты, снаружи послышался рев. Надя сидела у окна и видела, как толпа людей приближается к космическому кораблю, кричит и вопит, направив на него винтовки. Надя обратилась к Эмме: "Почему бы тебе не впустить их? Кажется, они хотят присоединиться к нам. Почему ты не можешь просто открыть дверь космического корабля, чтобы они могли войти?" Эмма ответила: "Нет. Это невозможно, поскольку они вооружены, а мы - мирные объединенные инопланетяне, которые никогда не смогут общаться с агрессивными человеческими существами, использующими оружие для контроля над другими, поскольку это признак разделения, которое мы не можем терпеть или принимать в нашем обществе". С этими словами Эммы космический корабль отправился на Унитонию.

Им потребовалось около трех дней, чтобы добраться до Унитонии, и в течение этого времени инопланетяне были дружелюбны и очень доброжелательны по отношению к группе (Надя, Фред, Салва, Ахмед, Али и Сьюзан). Они чувствовали, что находятся со своими семьями, и не скучали по своей прошлой жизни. Наконец они прилетели, и космический корабль приземлился. Как только открылась дверь, перед ними предстала незабываемая сцена, которая запечатлелась в их памяти с тех пор, как они ступили на борт "Унитонии". К их изумлению, здесь была нормальная гравитация, и люди не летали туда-сюда.

Страна не только имела великолепный ландшафт, но и архитектура всех зданий была гармоничной, по которой можно было легко определить, что инопланетяне настроены на единство, потому что все здания были соединены друг с другом и имели форму огромного круга, что облегчало торговлю между гражданами. Все дома были двухквартирными и имели либо настоящий сад, либо искусственный сад с террасами, где жители с удовольствием проводили свой досуг, занимаясь любыми интересующими их увлечениями. Здесь не было бедных или богатых людей, поскольку все были равны по размеру своих домов. У каждой семьи был выбор - иметь одного или двух детей, и больше детей заводить не разрешалось, потому что все жили на одной территории. В отношении домов людям предоставлялся выбор цвета дуплексов, и они должны были выбрать один из нескольких цветов, чтобы сохранить гармонию и единство, которые ярко выражены во всей стране.

Все пришельцы специализировались в разных областях, и группа (Надя, Фред, Сальва, Ахмед, Али и Сьюзан) не испытывала трудностей с интеграцией в соответствии со своей профессией. Юная Сальва была исключением, поскольку она поступила в единственную школу и университет, существовавшие в Унитонии, куда студенты поступали с самого начала и до конца. Другими словами, это была школа и университет одновременно. Единство здесь проявляется в том, что все получают одинаковое базовое образование, а когда поступают в университет, то могут выбрать ту профессию, которая им по душе, в зависимости от потребностей Унитонии. Так что если планете Юнитония нужны, например, врачи и инженеры, то они смогут выбрать одну из этих двух профессий. Этот план гарантирует, что все живущие на этой планете, выбрав профессию, найдут других людей, которые будут торговать с ними, потому что выбранные ими профессии нужны на Унитонии.

Раньше торговля велась раз в день в определенное время после того, как люди заканчивали работу. Люди были обязаны делать это только в оговоренное время, чтобы ежедневно удовлетворять свои потребности. Денег не существовало, и в таком обществе не было классов, поскольку все были одинаковы. Семьи жили рядом друг с другом и имели возможность часто навещать друг друга, что позволяло им помогать друг другу в воспитании детей и поддерживать родителей, бабушек и дедушек, когда они становились старыми и беспомощными. Фред, Салва, Надя, Ахмед, Али и Сьюзан были по-настоящему счастливы и довольны, так как всегда чувствовали себя частью целого общества, у которого не было никаких меркантильных целей, а единственной заботой было предоставлять другим людям надлежащие услуги и товары, чтобы те были готовы торговать с ними. Например, если кому-то из жителей Унитонии нужен был хлеб, он шел к пекарю и обменивал хлеб на яйца, если тот специализировался на их производстве, и эта же система торговли распространялась на все остальные товары.

Что касается транспорта, то планета предоставляла мини-автопланы с определенными остановками, где можно было воспользоваться ими в автоматическом режиме и отправиться в нужное место при условии, что вы оставите самолет припаркованным в специально отведенном месте. Никто не владел этими самолетами, поскольку они являлись собственностью Унитонии. Если стоянка находилась не рядом с местом назначения, то оставшееся расстояние приходилось преодолевать пешком. Таким образом, каждый должен был ходить пешком каждый день в течение некоторого времени, что обеспечивало здоровый образ жизни. Количество самолетов соответствовало количеству работающих людей. Старикам не разрешалось водить эти самолеты, так как торговлю могли вести их дети или внуки. Фред, Салва, Надя, Ахмед, Али и Сьюзан живут в Унитонии по сей день. Они мечтают перенести систему и образ жизни Унитонии на Землю, но все время откладывают свои мечты, потому что сомневаются, что люди на Земле поддадутся этому объединенному мирному миру, где нет ничего, кроме единства, мира и любви.

Цитируемые произведения

Абдельмегид, Б. (2010). *Святая Тереза и сон с незнакомцами*. Каир, Египет: Американский университет в Египте.

Аллен, Д. С. (2004). *Разговор с незнакомцами: Тревоги гражданства со времен Брауна против Совета по образованию*. Чикаго: Издательство Чикагского университета.

Андерсон, Б. (1991). *Imagined Communi- ties: Размышления о происхождении и распространении национализма*. New York : Verso.

Андерсон, Б. (1991). *Imagined Communities: Reflections on the Origin and Spread of Nationalism 2nd rev. ed*. New York: Verso.

Касерес, С. Б. (2011). На пути к концерту в Африке: В поисках прогресса и власти через сплоченность и единство. *African Studies Quarterly Volume 12, Issue 4*.

Констан, Б. М. (впервые опубликовано в 1816 году, 2016). *Адольф* США: Независимая издательская платформа Createspace.

Каунтер, А. Дж. (2014). Репродуктивная политика Золя конца века. *Французские исследования: A Quarterly Review, Volume 68, Number 2.*, 193-208.

Кьюсак, И. (2001). Строители нации за работой: Экватогинейский "миф о единстве банту". *Nationalis and Ethnic Politics, 7:3, DOI:10.1080/1357110108428638*, 77-97.

Дю Буа, Э. Б. (1989). *Души черного народа: Essays and Sketches*. New York: Bantam.

Фернандо, Л. (1993). *Зеленый - это цвет*. Кула-Лумпур: Silverfish.

Галисон, П. (1998). Американизация единства. *Daedalus, Vol. 127, No. 1, Science in Culture*, 45-71.

Гейтс, Х. Л. (1994). *Цветные люди: A Memoir*. New York: Knopf.

Хартман, Г. (1997). *Роковой вопрос культуры*. New York: p. 6.

Хепберн, Б. (ноябрь). США все еще остаются нацией, глубоко разделенной. *Торонто Стар*, 2008.

Холлингер, Д. А. (2011). Единство знаний и разнообразие знающих: Наука как агент культурной интеграции в Соединенных Штатах между двумя мировыми войнами. *Pacific Historical Review, Vol. 80, No. 2*, 211-230.

Яхода, Г. (2014). Теодар Вайц о психическом единстве. *Springer Science and Business Media New York- Integr Psych Behav*, 176-203.

Джонсон, К. (1998). *Мечтатель: A Novel.* New York: Scribner.

ЛЭНДИ, ДЖ. (ВЕСНА-ЛЕТО 2009). Бездна свободы: Legitimacy, Unity, and Irony in Constant's "Adolphe". *Nineteenth-Century French Studies, Vol. 37, No. 3/4*, 193-213.

Ли, А. (1984). *Сара Филлипс.* Бостон : Northeastern UP, 1993.

Лим, Д. К. (2010). Единство утрачено? Рефрейминг этнических отношений в романе Ллойда Фернандо "Зеленый - это цвет". *Journal of Postcolonial Writing*, 46:2, 138-150.

Лиссон, Д. (2008). Определение понятия "национальная группа" в Конвенции о геноциде: A Case Study of Timor-Leste. *Stanford Law Review Vol. 60*, 1459-1496.

Лоуи, М. (1994). Чувство единства Китая в ранних империях. *T'oung Pao, Second Series, Vol. 80, Fasc. 1/3* , 6-26.

МЭДДЕН, Д. (2012). You Can't Go Home Again:Thomas Wolfe's Vision of America. *The Thomas Wolfe Review (2012)*.

МакГарри, Дж. А. (1995). *Объяснение Северной Ирландии: Разбитые образы.* . Лондон: Wiley-Blackwell.

МакГарри, Дж. А. (2009). *Теория консорциума: Макгарри и О'Лири и конфликт в Северной Ирландии.* Лондон: Routledge.

Мезциемс, Дж. (1977). Единство "Путешествия в Лапуту" Свифта: Структура как смысл в утопической фантастике. *The Modern Language Review, Vol. 72, No. 1*, 1-21.

Михель, С. (2008). Национальные события в СМИ: От демонстрации единства до воплощения разделения. *Европейский журнал культурных исследований. SAGE Publications. Университет Лафборо*, том 11 (4) 471-

488.

Мораг, Г. (сентябрь 1999). Испытание толерантностью: Культурное разнообразие и национальное единство в романе А. Б. Иегошуа "Путешествие к концу тысячелетия". *Prooftextd, том 19, номер 3*, 235-256.

Мосс, С. М. (2014). За пределами конфликта и испорченных идентичностей: Как руандийские лидеры оправдывают единую модель рекатагоризации для постконфликтного примирения. *Журнал социальной и политической психологии*, 435-449.

Мосс, С. М. (2016). Нельзя дать шприц с единством. *Анализ социальных проблем и государственной политики, том 16, № 1.*, 325-359.

Мюррей, Р. (2010). Время разрыва: Классовое разделение и современный афроамериканский роман. *Novel: A Forum on Fiction, Vol. 43, No. 1, Theories of the Novel Now, Part III*, PP. 11-17.

Нагл, Дж. (2013). Единство в многообразии": Вызовы несектантских общественных движений политике этнического антагонизма в разделенных насилием городах. *Международный журнал городских и региональных исследований, том 37*, 78-92.

Пеннер, Т. (1972). Единство добродетели. *Th Philosophical Review, Vol. 82*, 35-68.

Плаут, В. (2014). Наука о разнообразии и институциональный дизайн. *Policy Insights from the Behavioral and Brain Sciences, I*, 72-80.

Куаюм, М. А. (2007). Imagining 'Bangsa Malaysia': Раса, религия и гендер в романе Ллойда Фермандо "Зеленый - это цвет". *One Sky, Many Horizons: Studies in Malaysian Literature in English*, 151-66.

Россбахер, Б. (Весна, 1997). Единство и воображаемое сообщество: Die Birnen von Ribbeck и Der Sonntag, andem ich Weltmeister wurde F. C. Delius's. *The German Quarterly, Vol. 70, No. 2*, 151-167.

Роуланд, Р. К. (2007). "Переосмысление американской мечты и американской политики: Barak Obama's Keynote Adress to the 2004 Democratic National Convention.". *Quarterly Journal of Speech 93*, 435.

Сильва-Леандер, С. (2008). Об опасности и необходимости демократизации:

Компромисс между краткосрочной стабильностью и долгосрочным миром в Руанде после геноцида. *Third World Quarterly, Vol. 29, No. 8* , 1601-1620.

Снайдер, Дж. А. (1997). Национализм и рынок идей. *Национальный и этнический конфликт*, 61-96.

Соарес, А. (2009). Национальная идентичность и национальное единство в современной восточнотиморской литературе. *Португальские исследования, том 25, № 1*, 80-101.

Табишат, М. (2012). Общество в кино: Предвосхищение возрождения в египетской художественной литературе и фильмах. *Социальные исследования: Международный ежеквартальный журнал*, том 79, номер 2, с. 377-396.

Тахер, Б. Т. (1996). *Тетя Сафийя и монастырь*. Беркли и Лос-Анджелес: Издательство Калифорнийского университета.

Террилл, Р. Е. (2009). Unity and Duality in Barack Obama's " A More Perfect Union". *Quarterly Journal of Speech Vol. 95, No. 4*, 363-386.

Вольф, С. (2007). МОРАЛЬНАЯ ПСИХОЛОГИЯ И ЕДИНСТВО ДОБРОДЕТЕЛЕЙ. *Журнал Comilation Blackwell Publishing Ltd*.

Иегошуа, А. Б. (1993). *Путешествие к концу тысячелетия*. Портсмут: Хайнеманн.